Zitate und Sprichwörter

EDITION XXL

Inhalt

Altsein ist ein herrlich Ding,
wenn man nicht verlernt hat,
was anfangen heißt.

Martin Buber (1878–1965)
Philosoph

Alter

it den Jahren runzelt die Haut,
mit dem Verzicht auf Begeisterung
aber runzelt die Seele.

Albert Schweitzer (1875–1965)
Arzt und Philosoph

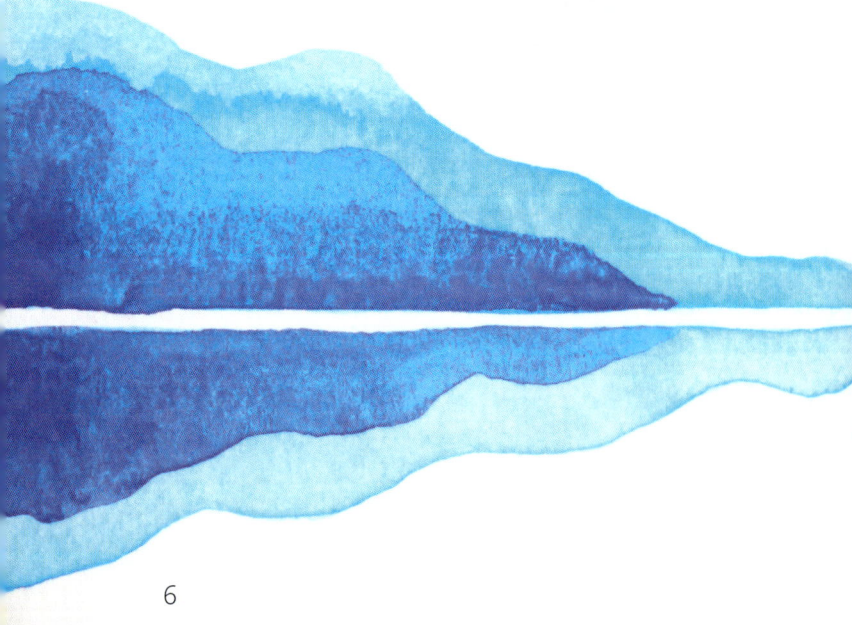

Älterwerden ist gar nicht so schlecht,
wenn man die Alternative bedenkt.

Maurice Chevalier (1888–1972)
Schauspieler

Altwerden ist wie auf einen Berg steigen.
Je höher man kommt, desto mehr
Kräfte sind verbraucht, aber umso
weiter sieht man.

Ingmar Bergman (1918–2007)
Regisseur

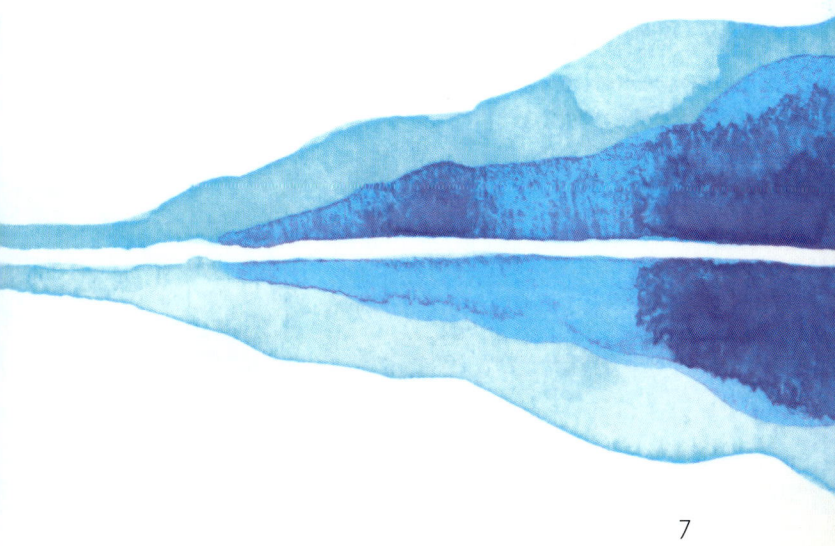

*A*lter ist immer noch das einzige Mittel, das man entdeckt hat, um lange leben zu können.

José Ortega y Gasset (1883–1955)
Philosoph

Obwohl sie nicht einmal hundert Jahre alt werden, bereiten sich die Menschen Sorgen für tausend Jahre.

Chinesisches Sprichwort

Die Zukunft ist etwas, das die
meisten Menschen erst lieben,
wenn es Vergangenheit geworden ist.

William Somerset Maugham (1874–1965)
Erzähler und Dramatiker

Die Jugend ist die Zeit,
Weisheit zu lernen.
Das Alter ist die Zeit,
sie auszuüben.

Jean-Jacques Rousseau (1712–1778)
Schriftsteller

Jeder, der sich die Fähigkeit erhält,
Schönes zu erkennen, wird nie alt werden.

Franz Kafka (1883–1924)
Schriftsteller

*V*iele möchten leben, ohne zu altern,
und sie altern in Wirklichkeit,
ohne zu leben.

Alexander Mitscherlich (1908–1982)
Psychoanalytiker

Solange man neugierig ist,
kann einem das Alter nichts anhaben.

Burt Lancaster (1913–1994)
Schauspieler

Zu wissen, wie man altert,
ist das Meisterwerk der
Weisheit und eines der
schwierigsten Kapitel aus der
großen Kunst des Lebens.

Henri-Frédéric Amiel (1821–1881)
Schriftsteller und Philosoph

Man kann eine Frau von
jeder Krankheit kurieren,
wenn man behauptet,
es handle sich um ein
Altersleiden.

Tristan Bernard (1866–1947)
Schriftsteller

Altern ist ein hochinteressanter
Vorgang: Man denkt und denkt
und denkt – und plötzlich kann
man sich an nichts mehr erinnern.

Ephraim Kishon (1924–2005)
Satiriker

11

Man muss sich einen Stecken in der Jugend schneiden, damit man im Alter daran gehen kann.

Konfuzius (551–479 v. Chr.)
Philosoph

*n*iemand ist so alt,
dass er nicht noch
ein Jahr leben zu
können glaubt.

Marcus Tullius Cicero
(106–43 v. Chr.)
Politiker

Alter ist irrelevant,
es sei denn, du bist
eine Flasche Wein.

Joan Collins
Schauspielerin

Der junge Weinstock
gibt mehr Trauben,
der alte aber gibt
besseren Wein.

Francis Bacon (1561–1626)
Philosoph

Älter werden heißt auch besser werden.

Jack Nicholson
Schauspieler

Du wirst alt, wenn die
Kerzen mehr kosten als
der Geburtstagskuchen.

Bob Hope (1903–2003)
Komiker

Niemand liebt das Leben
so wie einer, der alt wird.

Lucius Annaeus Seneca (1–65)
Philosoph

Alternde Menschen sind wie Museen:
Nicht auf die Fassade kommt es an,
sondern auf die Schätze im Innern.

Jeanne Moreau (1928–2017)
Schauspielerin

*W*as wir in der Jugend begehrten,
das werfen wir im Alter weg.

Russisches Sprichwort

Wenn man genug
Erfahrungen gesammelt hat,
ist man zu alt,
sie auszunutzen.

William Somerset Maugham (1874–1965)
Erzähler und Dramatiker

Manche Leute altern, andere reifen.

Sean Connery (1930–2020)
Schauspieler

Das Schönste aber hier auf Erden
ist lieben und geliebt zu werden.

Wilhelm Busch (1832–1908)
Dichter

Liebe & Partnerschaft

*D*er Mantel der Liebe
wärmt am besten,
wenn er mit ein bisschen
Eifersucht gefüttert ist.

Dänisches Sprichwort

Es ist schön, jemanden zu kennen,
bei dem man vor lauter Spaß den
Ernst des Lebens vergessen kann …

Unbekannt

Die Scherben einer Liebe lassen
sich nie mehr zusammensetzen.

Sully Prudhomme (1839–1907)
Schriftsteller

Wenn du gleichzeitig
zwei Menschen liebst,
wähle den zweiten,
denn wenn du den ersten
richtig lieben würdest,
gäbe es keinen zweiten.

Johnny Depp
Schauspieler

Liebe ist, wenn es
Spaß macht, treu zu sein.

Unbekannt

23

Liebe muss nicht
perfekt sein,
sondern echt.

Unbekannt

Weil alles so schnell geschieht und wir von einer Stadt in die andere ziehen, weil wir Entwurzelte und Durchreisende sind, haben wir für zwischenmenschliche Beziehungen nicht mehr richtig Zeit.

Anaïs Nin (1903–1977)
Schriftstellerin

Alter schützt vor Liebe nicht,
aber Liebe vor dem Altern.

Coco Chanel (1883–1971)
Modedesignerin

25

Gemeinsamkeiten machen
eine Beziehung angenehm,
interessant wird sie jedoch
erst durch die kleinen
Verschiedenheiten.

Konfuzius (551–479 v. Chr.)
Philosoph

Die Ehe funktioniert am besten, wenn beide Partner ein bisschen unverheiratet bleiben.

Claudia Cardinale
Schauspielerin

Aus einer schlechten Verbindung kann man sich schwerer lösen als aus einer guten.

Whitney Houston (1963–2012)
Sängerin

Man ist glücklich verheiratet, wenn man lieber heimkommt als fortgeht.

Heinz Rühmann (1902–1994)
Schauspieler

27

*L*iebe mich dann, wenn ich es am wenigsten verdient habe, denn dann brauche ich es am meisten.

Unbekannt

Eine glückliche Ehe ist wie eine lange Unterhaltung, die einem trotzdem kurz vorkommt.

André Maurois (1885–1967)
Schriftsteller

Du und ich – wir sind eins.
Ich kann dir nicht wehtun,
ohne mich zu verletzen.

Mahatma Gandhi (1869–1948)
Anwalt und Pazifist

Du kannst deine Augen schließen,
wenn du etwas nicht sehen willst,
aber du kannst nicht dein Herz
verschließen, wenn du etwas nicht
fühlen willst.

Johnny Depp
Schauspieler

*L*iebe ist der Wunsch,
etwas zu geben,
nicht zu erhalten.

Bertolt Brecht (1898–1956)
Dramatiker und Lyriker

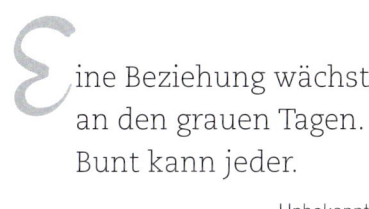

Eine Beziehung wächst
an den grauen Tagen.
Bunt kann jeder.

Unbekannt

Schön ist eigentlich alles,
was man mit Liebe betrachtet.

Christian Morgenstern (1871–1914)
Dichter und Schriftsteller

Die erste Liebe und der Mai
gehen selten ohne Frost vorbei.

Deutsches Sprichwort

In der Ehe muss man einen unaufhörlichen
Kampf gegen ein Ungeheuer führen,
das alles verschlingt: die Gewohnheit.

Honoré de Balzac (1799–1850)
Schriftsteller

31

Der liebt nicht, der die Fehler des
Geliebten nicht für Tugenden hält.

Johann Wolfgang von Goethe (1749–1832)
Dichter

Alles Wissen ist vergeblich ohne die Arbeit.
Und alle Arbeit ist sinnlos ohne die Liebe.

Khalil Gibran (1883–1931)
Dichter und Philosoph

Ich mag Beziehungen,
die sich nach innen gut anfühlen,
anstatt nach außen gut auszusehen.

Unbekannt

Balance der Partnerschaft:
vom anderen nicht mehr
verlangen als von sich selbst.

Henriette Wilhelmine Hanke (1785–1862)
Schriftstellerin

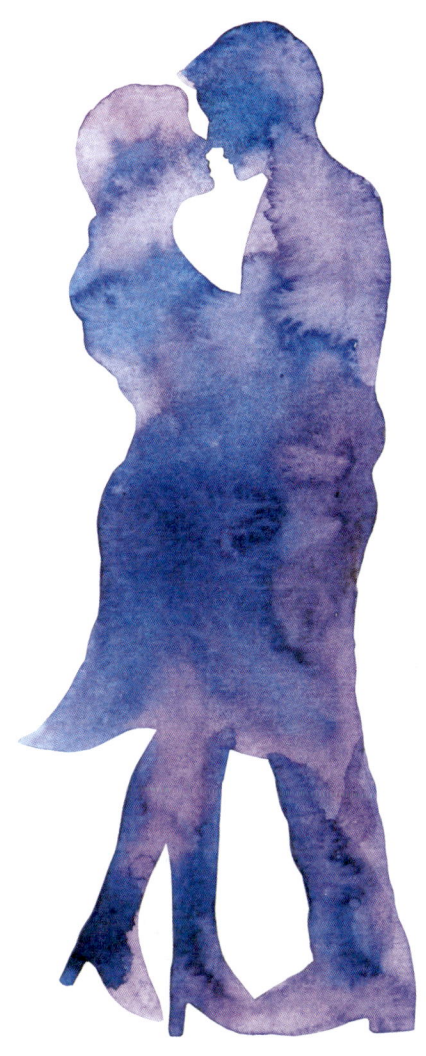

Im Erlebnis der Liebe kommt es zu der
paradoxen Situation, dass zwei Menschen
eins werden und gleichzeitig zwei bleiben.

Erich Fromm (1900–1980)
Psychoanalytiker und Philosoph

Liebe ist ein Glas, das zerbricht,
wenn man es zu unsicher oder
zu fest anfasst.

Russisches Sprichwort

Liebe ist ein vorübergehendes Unwohlsein,
heilbar durch Heirat.

Ambrose Bierce (1842–1914)
Schriftsteller und Journalist

Eine Beziehung wird vorwärts gelebt
und rückwärts verstanden.

Kenneth Branagh
Schauspieler und Regisseur

Die Vernunft sucht.
Aber das Herz findet.

Aus dem Film „Die Geisha" (2006)

Du kannst deinen Kindern deine Liebe geben, nicht aber deine Gedanken. Sie haben ihre eigenen.

Khalil Gibran (1883–1931)
Dichter und Philosoph

Familie

Kinder und Uhren dürfen nicht
beständig aufgezogen werden.
Man muss sie auch gehen lassen.

Jean Paul (1763–1825)
Schriftsteller

Die heutige Generation macht sich über
ihre eigenen Eltern lustig, weil diese
sich nicht mit Smartphones auskennen,
recherchiert aber zugleich im Internet,
wie man ein Ei kocht.

Unbekannt

Das erste Glück eines
Kindes ist das Bewusstsein,
geliebt zu werden.

Don Bosco (1815–1888)
Priester

Das Erste, das der Mensch im Leben vorfindet,
das Letzte, wonach er die Hand ausstreckt,
das Kostbarste, was er im Leben besitzt,
ist die Familie.

Adolph Kolping (1813–1865)
Theologe

Kinder achten mehr darauf,
was Eltern tun,
als was sie sagen.

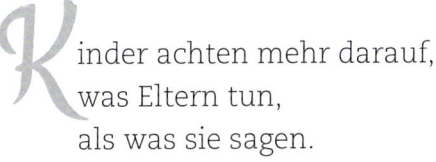

Deutsches Sprichwort

39

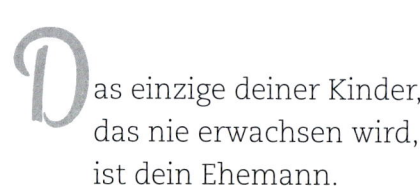

Das einzige deiner Kinder,
das nie erwachsen wird,
ist dein Ehemann.

Demi Moore
Schauspielerin

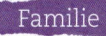
In einer friedlichen Familie
kommt das Glück von selber.

Chinesisches Sprichwort

Kinder, die man nicht liebt,
werden Erwachsene, die nicht lieben.

Pearl S. Buck (1892–1973)
Schriftstellerin

Eine Mutter ist der einzige Mensch
auf der Welt, der dich schon liebt,
bevor er dich kennt.

Johann Heinrich Pestalozzi (1746–1827)
Pädagoge

Die Liebe der Eltern zu ihren Kindern ist
das einzige vollkommen selbstlose Gefühl.

William Somerset Maugham (1874–1965)
Erzähler und Dramatiker

Vater werden
ist nicht schwer,
Vater sein
dagegen sehr.

Wilhelm Busch (1832–1908)
Dichter

einen
superhelden
ohne
umhang
nennt
man
papa

Unbekannt

Das Leben der Eltern ist das Buch,
in dem die Kinder lesen.

Augustinus Aurelius (354–430)
Philosoph

Denn zu Zeiten der Not
bedarf man seiner Verwandten.

Johann Wolfgang von Goethe (1749–1832)
Dichter

*R*eichen die Wurzeln tief,
gedeihen die Zweige gut.

Chinesisches Sprichwort

Intakte Familien sind
Festungen mit vielen Fenstern
und Türen zur Außenwelt.

Unbekannt

Mit den Kindern muss man zart
und freundlich verkehren.
Das Familienleben ist das beste Band.
Kinder sind unsere besten Richter.

Otto von Bismarck (1815–1898)
Fürst von Bismarck

Viele Kinder haben schwer erziehbare Eltern.

Jean-Jacques Rousseau (1712–1778)
Schriftsteller

Wer keine Brüder hat,
hat weder Füße noch Hände.

Spanisches Sprichwort

Die Familie ist die älteste aller Gemeinschaften und die einzige natürliche.

Jean-Jacques Rousseau (1712–1778)
Schriftsteller

Die Familie ist das Vaterland des Herzens.

Giuseppe Mazzini (1805–1872)
Jurist und Freiheitskämpfer

Wofür hätte man denn eine Familie, wenn man sich in einer schwierigen Situation nicht auf sie verlassen kann.

Franziska van Almsick
Schwimmerin

F amilie ist und bleibt der Ort,
wo Menschen in ganz besonderer Weise
mit ihren Eigenheiten, Stärken und
Schwächen angenommen werden.

Hannelore Rönsch
Politikerin

Wenn wir wahren Frieden
in der Welt erlangen wollen,
müssen wir bei den Kindern
anfangen.

Mahatma Gandhi (1869–1948)
Anwalt und Pazifist

In der Familie lernt man, zu lieben und
die Würde jedes Menschen zu erkennen,
besonders des schwächsten.

Franziskus I.
Papst

Ein Kind ist ein Buch,
aus dem wir lesen und in
das wir schreiben sollen.

Peter Rosegger (1843–1918)
Schriftsteller

In den Kindern erlebt man sein
eigenes Leben noch einmal
und erst jetzt versteht man es ganz.

Søren Kierkegaard (1813–1855)
Philosoph und Theologe

51

Freundschaft ist wie ein Baum.
Es zählt nicht, wie groß er ist,
sondern wie tief seine Wurzeln sind.

Unbekannt

Freundschaft

*F*reundschaft ist wie Geld,
leichter gewonnen als erhalten.

Samuel Butler (1835–1902)
Schriftsteller und Philosoph

Alte Freunde sind wie alter Wein,
er wird immer besser und je älter man wird,
desto mehr lernt man dieses unendliche
Gut zu schätzen.

Franz von Assisi (1182–1226)
Heiliger

Man kommt in der
Freundschaft nicht weit,
wenn man nicht bereit ist,
kleine Fehler zu verzeihen.

Jean de La Bruyère (1645–1696)
Schriftsteller

Freunde sind wie Sterne:
Du kannst sie nicht immer sehen,
aber du weißt,
sie sind immer für dich da.

Unbekannt

*E*in bisschen Freundschaft
ist mir mehr wert als die
Bewunderung der ganzen Welt.

Otto von Bismarck (1815–1898)
Politiker

Gute Freunde erkennt man leichter,
wenn das Leben schwerer wird.

Unbekannt

Der einzige Weg, einen Freund zu haben,
ist der, selbst einer zu sein.

Ralph Waldo Emerson (1803–1882)
Philosoph und Schriftsteller

Kein Weg ist lang
mit einem Freund an der Seite.

Japanische Weisheit

Reich sind nur die,
die wahre Freunde haben.

Thomas Fuller (1608–1661)
Historiker

Schön, wenn man
Menschen findet, deren
Kopf den gleichen
Innenarchitekten hatte.

Unbekannt

Unsere äußeren Schicksale
interessieren die Menschen,
die inneren nur den Freund.

Heinrich von Kleist (1777–1811)
Dramatiker und Lyriker

In der Freundschaft zählen nicht Alter,
weder Rang noch Verwandtschaft und
Beziehung. Wer einen Freund sucht,
sucht den Charakter.

Mengzi (372–289 v. Chr.)
Philosoph

Die Freunde, die man um vier
Uhr morgens anrufen kann,
die zählen.

Marlene Dietrich (1901–1992)
Schauspielerin und Sängerin

Es ist schlimm, erst dann zu merken,
dass man keine Freunde hat,
wenn man Freunde nötig hat.

Plutarch (45–120)
Schriftsteller

Ältere Bekanntschaften und
Freundschaften haben vor neuen
hauptsächlich das voraus,
dass man sich einander schon
viel verziehen hat.

Johann Wolfgang von Goethe (1749–1832)
Dichter

Freundschaft ist Liebe
mit Verstand.

Deutsches Sprichwort

Ein wahrer Freund trägt
mehr zu unserem Glück bei,
als tausend Feinde zu
unserem Unglück.

Marie von Ebner-Eschenbach (1830–1916)
Schriftstellerin

Wahre Freunde sind nicht die,
die dich gleich wieder hochziehen,
wenn du am Boden bist. Wahre
Freunde setzen sich erstmal dazu.

Unbekannt

Ein Freund ist ein Mensch,
vor dem man laut denken kann.

Ralph Waldo Emerson (1803–1882)
Philosoph und Schriftsteller

Ein Freund ist einer,
der alles von dir weiß,
und der dich trotzdem liebt.

Elbert Hubbard (1856–1915)
Schriftsteller

Besondere Menschen sehen mehr in dir,
als es andere tun. Sie erkennen die
Trauer in deinem Lächeln, die Liebe
hinter deinem Zorn und sie verstehen
nicht nur deine Worte, sondern auch
dein Schweigen.

Unbekannt

Kein besseres Heilmittel
gibt es im Leid als eines
edlen Freundes Zuspruch.

Euripides (480–406 v. Chr.)
Dramatiker

Freundschaft ist
des Lebens Salz.

Deutsches Sprichwort

Männer sind imstande, stundenlang über ein Thema zu reden – Frauen brauchen dazu gar kein Thema.

Curt Goetz (1888–1960)
Schriftsteller und Schauspieler

Frauen & Männer

Wenn ein Mann zurückweicht,
weicht er zurück.
Eine Frau weicht nur zurück,
um besser Anlauf nehmen zu können.

Zsa Zsa Gabor (1917–2016)
Schauspielerin

*B*ei den Frauen gibt es
nur zwei Möglichkeiten.
Entweder sie sind Engel
oder sie leben noch.

Charles Baudelaire (1821–1867)
Dichter

Männer verlangen von den
Frauen immer das Gleiche.
Frauen verlangen von den
Männern etwas Besonderes.

Sarah Bernhardt (1844–1923)
Schauspielerin

Eine Frau spricht zu deinem Herzen,
wenn sie deinen Kopf betören will.

Deutsches Sprichwort

Es gibt so viele schöne
Frauen, man muss
nur den Mann treffen,
dem das egal ist!

Unbekannt

Wenn eine Frau
nicht spricht,
soll man sie
auf keinen Fall
unterbrechen.

Clint Eastwood
Schauspieler und Regisseur

Eine Frau, die wirklich verliebt ist,
blickt auch dann zu ihrem Mann auf,
wenn er kleiner ist.

Sophia Loren
Schauspielerin

Männern und Straßenbahnen
soll man nie nachlaufen,
es kommen immer wieder neue.

Eva Zeller (1923–2022)
Schriftstellerin

Die Frau fürs Leben ist nicht
das Mädchen für alles!

Unbekannt

Alle Männer sind gleich, bis auf den,
den man gerade kennengelernt hat.

Mae West (1893–1980)
Schauspielerin

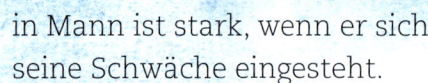

in Mann ist stark, wenn er sich
seine Schwäche eingesteht.

Honoré de Balzac (1799–1850)
Schriftsteller

Tapfere Männer
sind wie Wirbeltiere:
außen weich, aber
innen mit einem
harten Kern.

Lewis Carroll (1832–1898)
Schriftsteller

Hinter jedem lustigen
Mann steht eine Frau,
die mit den Augen rollt.

Unbekannt

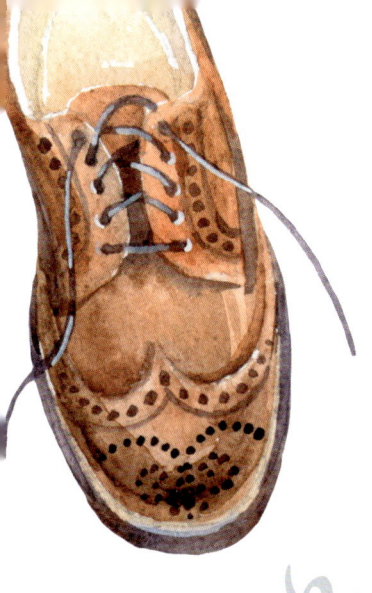

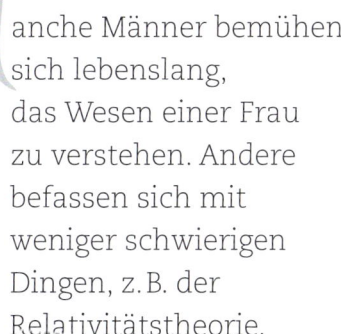

anche Männer bemühen
sich lebenslang,
das Wesen einer Frau
zu verstehen. Andere
befassen sich mit
weniger schwierigen
Dingen, z. B. der
Relativitätstheorie.

Albert Einstein (1879–1955)
Physiker

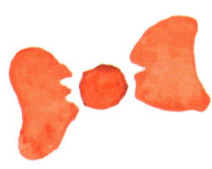

79

30 Jahre lang habe ich die weibliche Seele studiert. Aber das Geschlechtsleben des erwachsenen Weibes ist für mich nach wie vor ein rätselhafter, dunkler Kontinent.

Sigmund Freud (1856–1939)
Psychologe

Es hat keinen Sinn, mit
Männern zu streiten –
sie haben ja doch immer
unrecht.

Zsa Zsa Gabor (1917–2016)
Schauspielerin

Wer nicht die Frauen hinter sich hat,
bringt es in der Welt zu keinem Erfolg.

Oscar Wilde (1854–1900)
Schriftsteller

_F_rauen sind immer erstaunt,
was Männer alles vergessen.
Männer sind erstaunt,
woran Frauen sich erinnern.

Peter Bamm (1897–1975)
Arzt und Schriftsteller

Es könnte einem Mann nichts
Schlimmeres passieren,
als wenn seine Frau sich an
ihm ein Beispiel nimmt.

Deutsches Sprichwort

Am Anfang widersteht eine Frau dem
Ansturm des Mannes und am Ende
verhindert sie seinen Rückzug.

Oscar Wilde (1854–1900)
Schriftsteller

Frauen, die unter sich sind, brauchen
keine Männer. Das macht sie stark.
Männer sind früher oder später auf Frauen
angewiesen. Das macht sie schwach.

Loriot (1923–2011)
Humorist

Träume nicht dein Leben,
lebe deinen Traum.

Tommaso Campanella (1568–1639)
Philosoph und Dichter

Lebensfreude

Es ist ein Brauch von alters her:
Wer Sorgen hat, hat auch Likör.
Doch wer zufrieden und vergnügt,
sieht zu, dass er auch welchen kriegt.

Wilhelm Busch (1832–1908)
Dichter

Mit dem Leben ist es wie
mit einem Theaterstück:
Es kommt nicht darauf an,
wie lang es ist, sondern wie bunt.

Lucius Annaeus Seneca (1–65)
Philosoph

Ich habe keine andere Pflicht
als die der Lebenslust:
so glücklich als möglich
zu leben.

Richard Dehmel (1863–1920)
Dichter

Nichts ist wahrem Glück so
sehr im Wege wie die Gewohnheit,
etwas von der Zukunft zu erwarten.

Leo N. Tolstoi (1828–1910)
Schriftsteller

Das Glück wohnt nicht im Besitze und nicht im Golde, das Glücksgefühl ist in der Seele zu Hause.

Demokrit (460–371 v. Chr.)
Philosoph

Glück ist das Einzige, das sich verdoppelt, wenn man es teilt.

Albert Schweitzer (1875–1965)
Arzt und Philosoph

Von Zeit zu Zeit muss man einmal sündigen. Sonst verliert man den Spaß an der Tugend.

Ilona Bodden (1940–1985)
Schriftstellerin

s ist ein ungeheures Glück,
wenn man fähig ist,
sich freuen zu können.

George Bernard Shaw (1856–1950)
Dramatiker

Lerne loszulassen,
das ist der Schlüssel
zum Glück.

Buddha (560–480 v. Chr.)
Religionsstifter

as beste Mittel, das Glück
zu verpassen, besteht darin,
es zu suchen.

Paul Claudel (1868–1955)
Schriftsteller

Die schönste Freude erlebt
man immer da, wo man sie am
wenigsten erwartet hat.

Antoine de Saint-Exupéry (1900–1944)
Schriftsteller und Pilot

*G*lück entsteht oft durch Aufmerksamkeit in kleinen Dingen, Unglück oft durch Vernachlässigung kleiner Dinge.

Wilhelm Busch (1832–1908)
Dichter

Vertraue auf dein Glück – und du
ziehst es herbei.

Lucius Annaeus Seneca (1–65)
Philosoph

as Lächeln, das du aussendest,
kehrt zu dir zurück als Glück.

Indisches Sprichwort

Nichts ist so sexy
wie Lebensfreude.

Susan Sarandon
Schauspielerin

93

Fröhlichkeit und
Mäßigkeit sind die
beiden besten Ärzte.

Deutsches Sprichwort

Gib jedem Tag die Chance,
der schönste deines Lebens
zu werden.

Mark Twain (1835–1910)
Schriftsteller

Die einzige Möglichkeit,
etwas vom Leben zu haben,
ist, sich mit aller Macht
hineinzustürzen.

Angelina Jolie
Schauspielerin

Ein Leben ohne Freude ist
wie eine weite Reise ohne Gasthaus.

Demokrit (460–371 v. Chr.)
Philosoph

Wie mit den Lebenszeiten,
so ist es auch mit den Tagen.
Keiner ist uns genug,
keiner ist ganz schön,
und jeder hat, wo nicht seine Plage,
doch seine Unvollkommenheit,
aber rechne sie zusammen,
so kommt eine Summe Freude
und Leben heraus.

Friedrich Hölderlin (1770–1843)
Lyriker

*W*er den Tag mit Lachen beginnt,
hat ihn bereits gewonnen.

Tschechisches Sprichwort

Das Leben ist wundervoll. Es gibt
Augenblicke, da möchte man sterben.
Aber dann geschieht etwas Neues
und man glaubt, man sei im Himmel.

Edith Piaf (1915–1963)
Sängerin

*L*ebensfreude ist die beste Kosmetik. Unbekannt

Alle Lebewesen außer den Menschen wissen, dass der Hauptzweck des Lebens darin besteht, es zu genießen.

Samuel Butler (1835–1902)
Schriftsteller und Maler

Da es sehr förderlich für die Gesundheit ist, habe ich beschlossen, glücklich zu sein.

Voltaire (1694–1778)
Philosoph

Gesundheit

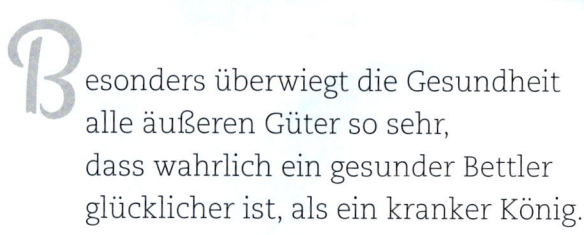

Besonders überwiegt die Gesundheit
alle äußeren Güter so sehr,
dass wahrlich ein gesunder Bettler
glücklicher ist, als ein kranker König.

Arthur Schopenhauer (1788–1860)
Philosoph

Die Natur ist die beste Apotheke.

Sebastian Kneipp (1821–1897)
Priester und Hydrotherapeut

*G*esundheit ist die erste
Pflicht im Leben.

Oscar Wilde (1854–1900)
Schriftsteller

Das Gefühl körperlicher Gesundheit und
Stärke gibt die sicherste Grundlage ab
für die Charaktereigenschaften des Mutes,
der Entschlossenheit und Besonnenheit,
dagegen zieht Verweichlichung des Körpers
geistige Erschlaffung nach sich und erschwert
die Selbstbeherrschung.

Theodor Waitz (1821–1864)
Ethnologe und Philosoph

*G*esundheit ist der
Sonnenschein der Seele.

Edward Young (1683–1765)
Dichter

*G*esundheit ist das,
was man hat,
wenn man gar
nichts hat.

Brasilianisches Sprichwort

Es ist der Geist, der sich den Körper baut.

Friedrich Schiller (1759–1805)
Dichter

Die ständige Sorge um die
Gesundheit ist auch eine Krankheit.

Platon (427–347 v. Chr.)
Philosoph

Tu deinem Leib etwas Gutes, damit
deine Seele Lust hat, darin zu wohnen.

Teresa von Ávila (1515–1582)
Heilige

107

Es kommt darauf an,
den Körper mit der Seele
und die Seele durch den
Körper zu heilen.

Oscar Wilde (1854–1900)
Schriftsteller

Wer die Gesundheit entbehrt,
für den haben andere Schätze
keinen Wert.

Deutsches Sprichwort

Die Gesundheit ist wie das Salz:
Man bemerkt nur, wenn es fehlt.

*W*er nicht jeden Tag etwas für seine
Gesundheit aufbringt, muss eines Tages
sehr viel Zeit für die Krankheit opfern.

Sebastian Kneipp (1821–1897)
Priester und Hydrotherapeut

Es gibt tausend Krankheiten,
aber nur eine Gesundheit.

Carl Ludwig Börne (1786–1837)
Journalist

Gesundheit ist leichter verloren als wiedergewonnen.

Deutsches Sprichwort

Der Gesundheit ist es lieber,
wenn der Körper tanzt,
als wenn er schreibt.

Georg Christoph Lichtenberg (1742–1799)
Physiker

Ohne Gesundheit können sich
Wissen und Kunst nicht entfalten,
vermag Stärke nichts auszurichten
und Reichtum und Intelligenz
liegen brach.

Herophilos (um 335 v. Chr.)
Arzt

In dem Augenblick,
in dem ein Mensch den
Sinn und den Wert des
Lebens bezweifelt, ist er krank.

Sigmund Freud (1856–1939)
Psychologe

113

*D*ie größte aller Torheiten ist,
seine Gesundheit aufzuopfern,
für was es auch sei.

Arthur Schopenhauer (1788–1860)
Philosoph

Gesundheit bekommt man nicht im Handel,
sondern durch den Lebenswandel.

Sebastian Kneipp (1821–1897)
Priester und Hydrotherapeut

*W*enn man auf seinen Körper achtet,
geht's auch dem Kopf besser.

Jil Sander
Modeschöpferin

*G*esundheit schätzt man erst,
wenn man sie verloren hat.

Deutsches Sprichwort

Es gibt nicht nur ansteckende Krankheiten,
es gibt auch ansteckende Gesundheit.

Kurt Hahn (1886–1974)
Pädagoge

*G*esundheit sollten wir
uns nicht nur wünschen,
sondern als Recht erkämpfen.

Kofi Annan (1938–2018)
Diplomat

*W*as bringen dir Millionen auf dem Konto, wenn du keinen wahren Freund an der Seite hast.

Unbekannt

Geld

Wer nichts weiter tut, als Geld
verdienen, der verdient auch
nichts weiter als Geld.

José Ortega y Gasset (1883–1955)
Philosoph

Wer reich wird, wird ärmer,
denn er verliert viele Wünsche.

Wilhelm Raabe (1831–1910)
Schriftsteller

Die Dinge, auf die es im
Leben wirklich ankommt,
kann man nicht kaufen.

William Faulkner (1897–1962)
Schriftsteller

Die Fähigkeit, auf welche die
Menschen den meisten Wert legen,
ist die Zahlungsfähigkeit.

Oskar Blumenthal (1852–1917)
Theaterkritiker

Geld hat an und für sich noch nie
jemanden glücklich gemacht,
aber es hat mir stets ein Gefühl
der Sicherheit gegeben und auf
diese Weise meine Fähigkeit zum
Glücklichsein gesteigert.

Audrey Hepburn (1929–1993)
Schauspielerin

*E*s stimmt, dass Geld nicht glücklich macht. Allerdings meint man damit das Geld der anderen.

George Bernard Shaw (1856–1950)
Dramatiker

Die besten Dinge im Leben sind nicht die, die man für Geld bekommt.

Albert Einstein (1879–1955)
Physiker

*G*eld bewirkt viel, ein kluges Wort kaum weniger.

Chinesisches Sprichwort

Wer der Meinung ist, dass man für Geld alles haben kann, gerät leicht in den Verdacht, dass er für Geld alles zu tun bereit ist.

Benjamin Franklin (1706–1790)
Schriftsteller und Politiker

Geld ist nicht alles, aber es hat einen Riesenvorsprung vor allem, was danach kommt.

Deutsches Sprichwort

*G*eld ist ein Mittel, um alles zu haben,
bis auf einen aufrichtigen Freund,
eine uneigennützige Geliebte und
eine gute Gesundheit.

George Bernard Shaw (1856–1950)
Dramatiker

Geld öffnet Wege, aber es verschließt andere.

Johannes Urzidil (1896–1970)
Schriftsteller

*M*ach Geld zu deinem Gott und es wird
dich plagen wie der Teufel.

Henry Fielding (1707–1754)
Schriftsteller und Humorist

Ein weiser Mensch sollte
Geld im Kopf haben,
aber nicht im Herzen.

Jonathan Swift (1667–1745)
Dichter

*P*ennys fallen nicht vom Himmel.
Sie müssen auf der Erde verdient werden.

Margaret Thatcher (1925–2013)
Politikerin

Vergnügt sein ohne Geld,
das ist der Stein der Weisen.

Magnus Gottfried Lichtwer (1719–1783)
Schriftsteller

Das Glück der Menschen liegt nicht in Geld und Gut, sondern es liegt in einem Herzen, das eine wahrhafte Liebe und Zufriedenheit hat.

Adolph Kolping (1813–1865)
Theologe

Je älter du wirst, desto mehr realisierst du,
dass es im Leben weniger darum geht,
wie viel Geld du verdienst, sondern mehr
um die Reise an sich und die Menschen,
die mit dir diese bestreiten.

Unbekannt

Sinn des Lebens: etwas,
das keiner genau weiß.
Jedenfalls hat es wenig Sinn,
der reichste Mann auf dem
Friedhof zu sein.

Peter Ustinov (1921–2004)
Schauspieler

Die Menschen verstehen nicht,
welch große Einnahmequelle in
der Sparsamkeit liegt.

Marcus Tullius Cicero (107–43 v. Chr.)
Politiker

Erst wenn der letzte Baum gerodet,
der letzte Fluss vergiftet, der letzte Fisch
gefangen ist, werdet ihr feststellen,
dass man Geld nicht essen kann.

Weisheit der Cree

Du bist erst reich, wenn du
etwas hast, das du mit Geld
nicht kaufen kannst.

Unbekannt

*W*as bedeutet schon Geld? Ein Mensch ist erfolgreich, wenn er zwischen Aufstehen und Schlafengehen das tut, was ihm gefällt.

Bob Dylan
Musiker

Reich wird man erst
durch Dinge, die man
nicht begehrt.

Mahatma Gandhi (1869–1948)
Anwalt und Pazifist

Es gibt Leute, die gut zahlen, die schlecht
zahlen, Leute, die prompt zahlen, die nie
zahlen, Leute, die schleppend zahlen,
die bar zahlen, abzahlen, draufzahlen,
heimzahlen – nur Leute, die gern zahlen,
die gibt es nicht.

Georg Christoph Lichtenberg (1742–1799)
Physiker

Der, der alles nur für Geld tut,
wird schließlich für Geld alles tun.

Norbert Blüm (1935–2020)
Politiker

Und wenn wir die ganze Welt durchreisen,
um das Schöne zu finden:
Wir müssen es in uns tragen,
sonst finden wir es nicht.

Ralph Waldo Emerson (1803–1882)
Philosoph und Schriftsteller

Reiselust

Der Mensch bereist die Welt auf der
Suche nach dem, was ihm fehlt.
Und er kehrt nach Hause zurück,
um es zu finden.

George Moore (1852–1933)
Schriftsteller

Auf Reisen gleichen wir einem
Film, der belichtet wird.
Entwickeln wird ihn die Erinnerung.

Max Frisch (1911–1991)
Schriftsteller

Wer nicht die hohen Berge besteigt,
kennt die Ebene nicht.

Fernöstliche Weisheit

In der Fremde erfährt man mehr als
zu Hause.

Afrikanisches Sprichwort

Reisen ist besonders schön, wenn
man nicht weiß, wohin es geht. Aber
am allerschönsten ist es, wenn man
nicht mehr weiß, woher man kommt.

Laotse (ca. 4. Jh. v. Chr.)
Philosoph

Was ist Reisen?
Ein Ortswechsel?
Keineswegs!
Beim Reisen wechselt man seine
Meinungen und Vorurteile.

Anatole France (1844–1924)
Schriftsteller

Liebst du dein Kind,
so schicke es auf Reisen.

Indisches Sprichwort

Die beste Bildung findet ein gescheiter
Mensch auf Reisen.

Johann Wolfgang von Goethe (1749–1832)
Dichter

Wenn man beginnt,
seinem Passfoto ähnlich
zu sehen, sollte man in
den Urlaub fahren.

Ephraim Kishon (1924–2005)
Satiriker

Ich bin ein Reisender und
ein Seefahrer und jeden Tag
entdecke ich eine neue Region
in meiner Seele.

Khalil Gibran (1883–1931)
Maler und Philosoph

nur wer sich auf den Weg macht,
wird neues Land entdecken.

Hugo von Hofmannsthal (1874–1929)
Schriftsteller

Es sind immer die Abenteurer,
die große Dinge vollbringen.

Charles de Secondat,
Baron de la Brède et de Montesquieu
(1689–1755)
Staatstheoretiker und Schriftsteller

S uche nicht das Abenteuer,
aber gehe ihm nicht aus dem Weg.

Fernöstliche Weisheit

Die Welt ist ein Buch und wer nicht reist,
liest davon nicht eine einzige Seite.

Augustinos Aurelius (354–430)
Bischof und Philosoph

Wer sein Haus verlässt und
nach Wissen sucht,
der wandert auf Gottes Pfaden,
und wer reist, um Wissen zu finden,
dem wird Gott das Paradies zeigen.

Aus dem Koran

W er allzeit bei dem Ofen sitzt,
Grillen und die Hölzlein spitzt
und fremde Lande nicht beschaut,
der ist ein Aff' in seiner Haut.

Spruch aus Deutschland

Es kommt mehr darauf an,
wie du kommst, als wohin du reisest;
deshalb sollten wir unser Herz nicht
einem bestimmten Ort verschreiben.
Es gilt, die Einsicht zum
Lebensgrundsatz zu machen,
dass man nicht für einen
einzelnen Winkel geboren ist,
sondern dass die ganze Welt
unser Vaterland ist.

Lucius Annaeus Seneca (1–65)
Philosoph

143

Steigst du nicht auf die Berge,
so siehst du auch nicht in die Ferne.

Fernöstliches Sprichwort

Eine Reise ist ein Trunk aus der
Quelle des Lebens.

Friedrich Hebbel (1813–1863)
Schriftsteller

Der Sinn des Reisens ist,
an ein Ziel zu kommen,
der Sinn des Wanderns,
unterwegs zu sein.

Theodor Heuss (1884–1963)
Politiker

145

Die größte Sehenswürdigkeit, die es gibt,
ist die Welt – sieh sie dir an.

Kurt Tucholsky (1890–1935)
Schriftsteller

Die Leidenschaft des Reisens
ist das weiseste Laster,
welches die Erde kennt.

Bruno H. Bürgel (1875–1948)
Schriftsteller

*V*iel zu spät begreifen viele die
versäumten Lebensziele:
Freude, Schönheit der Natur,
Gesundheit, Kultur und Reisen.
Darum, Mensch, sei zeitig weise!
Höchste Zeit ist's! Reise, reise!

Wilhelm Busch (1832–1908)
Dichter

*J*ede kleine Ehrlichkeit ist besser als eine große Lüge.

Leonardo da Vinci (1452–1519)
Maler

Lebensweisheit

Groll mit uns herumtragen ist wie
das Greifen nach einem glühenden
Stück Kohle in der Absicht,
es nach jemandem zu werfen.
Man verbrennt sich nur selbst dabei.

Buddha (560–480 v. Chr.)
Religionsstifter

Löse dich von dem Gedanken,
immer kämpfen zu müssen. Denn
was gut ist und zu dir gehört, bleibt.
Was bei dir sein will, kommt freiwillig.
Und was gehen will, geht sowieso.

Unbekannt

In der Wut verliert der
Mensch seine Intelligenz.

Dalai Lama

151

Phantasie ist wichtiger als Wissen,
denn Wissen ist begrenzt.

Albert Einstein (1879–1955)
Physiker

Es ist Zeit, sich daran zu erinnern,
wie es sich anfühlt, am Leben zu sein.

Unbekannt

Erfolg hat drei Buchstaben: Tun!

Johann Wolfgang von Goethe (1749–1832)
Dichter

Du musst dein Ändern leben.

Rainer Maria Rilke (1875–1926)
Lyriker

Wir können den Wind nicht ändern,
aber die Segel anders setzen.

Aristoteles (384–322 v. Chr.)
Philosoph

Die Fähigkeit, im Frieden mit anderen Menschen und mit der Welt zu leben, hängt sehr weitgehend von der Fähigkeit ab, im Frieden mit sich selbst zu leben.

Thich Nhat Hanh (1926–2022)
Buddhistischer Mönch

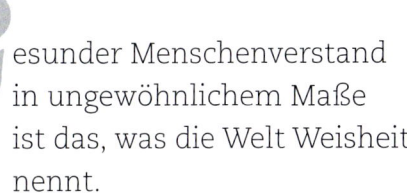

Gesunder Menschenverstand in ungewöhnlichem Maße ist das, was die Welt Weisheit nennt.

Samuel Coleridge (1772–1834)
Dichter

Denke nicht so oft an das, was dir fehlt, sondern an das, was du hast.

Marc Aurel (121–180)
Römischer Kaiser

Die Dinge haben nur den Wert, den man ihnen verleiht.

Molière (1622–1673)
Schauspieler

Die Kritik an anderen
hat noch keinem die
eigene Leistung erspart.

Noël Coward (1899–1973)
Schauspieler

*W*ir sind heute wirklich eine Weltfamilie. Was in einem Teil der Welt geschieht, kann uns alle treffen.

Dalai Lama

157

Wende dich der Sonne zu.
Dann fällt der Schatten hinter dich.

Südafrikanisches Sprichwort

Nostalgie ist der Trost der Vergänglichkeit.

Asiatische Weisheit

Der Reiz der Welt steht mit dem
Schmerz und dem Vergnügen,
mit dem Entsetzen und der
Hoffnung in gleicher Verbindung.

Germaine de Staël (1766–1817)
Schriftstellerin

Zärtlichkeit und Güte drücken nicht
Schwäche und Verzweiflung aus,
sondern sie sind Zeichen der Stärke
und Entschlossenheit.

Khalil Gibran (1883–1931)
Maler und Philosoph

Wenn der Himmel einen Menschen
erschaffen hat, muss es auch eine
Aufgabe für ihn geben.

Chinesisches Sprichwort

Der Mensch muss wissen,
wer er war, bevor er
zur Erkenntnis dessen
kommt, was er ist.

Helena P. Blavatsky (1831–1891)
Schriftstellerin

Der Weg zu allem Großen
geht durch die Stille.

Friedrich Wilhelm Nietzsche (1844–1900)
Philologe

Wenn man etwas
für Recht hält,
muss man es
auch tun.

Hermann Hesse (1877–1962)
Schriftsteller

nichts ist so bitter, dass ein
geduldiges Gemüt keinen
Trost dafür finden kann.

Lucius Annaeus Seneca (1–65)
Philosoph

Trauer & Trost

Tränen reinigen das Herz.

Fjodor Michailowitsch Dostojewski
(1821−1881)
Schriftsteller

Siehe, die Trauer, sie ist des
Trauernden einziger Trost.

Robert Hamerling (1830–1889)
Dichter und Schriftsteller

Sei mir getrost,
nach trüben und
widerwärtigen Tagen
eilet des sanften
Glücks frohere
Stunde herbei.

Sextus Aurelius Properz
(49–15 v. Chr.)
Elegiker

nichts spendet größeren Trost, als alleine, still für sich, im Lampenschein vor einem Buch zu sitzen und auf diese Weise Freundschaft mit Menschen aus längst vergangenen Tagen zu schließen.

Yoshida Kenkō (ca. 1283–1350)
Dichter

Wir sind vom gleichen Stoff, aus dem die Träume sind und unser kurzes Leben ist eingebettet in einen langen Schlaf.

William Shakespeare (1564–1616)
Dramatiker

Was die Raupe Ende der Welt nennt, nennt der Rest der Welt Schmetterling.

Laotse (ca. 6. Jh. v. Chr.)
Philosoph

Die Erinnerung ist das einzige Paradies, aus dem wir nicht vertrieben werden können.

Jean Paul (1763–1825)
Schriftsteller

Auf Regen folgt Sonnenschein.

Deutsches Sprichwort

*L*oslassen, wo wir festhalten möchten. Weitergehen, wo wir stehen bleiben möchten. Das sind die schwierigsten Aufgaben, vor die uns das Leben stellt.

Unbekannt

Nach Leiden und Verlusten
werden die Menschen
bescheidener und weiser.

Benjamin Franklin (1706–1790)
Schriftsteller und Staatsmann

Es ist eine Ferne,
die war, von der wir kommen.
Es ist eine Ferne,
die sein wird, zu der wir gehen.

Johann Wolfgang von Goethe (1749–1832)
Dichter

Wenn ihr mich sucht, sucht in euren Herzen. Habe ich dort eine Bleibe gefunden, lebe ich in euch weiter.

Rainer Maria Rilke (1875–1926)
Lyriker

Der Gedanke an die Vergänglichkeit
aller irdischen Dinge ist ein Quell
unendlichen Leids – und ein Quell
unendlichen Trostes.

Marie von Ebner-Eschenbach (1830–1916)
Schriftstellerin

Trost ist eine Gabe des Herzens.

Unbekannt

Der Buddhismus glaubt weder an eine unsterbliche Seele, noch sucht er Trost in irgendeiner Vorstellung vom Leben nach dem Tode. Er stellt sich der Tatsache, dass das Leben vergänglich ist. Da es nichts zum Festhalten gibt, muss man loslassen.

Alan Watts (1915–1973)
Philosoph

Du magst denjenigen vergessen,
mit dem du gelacht hast,
aber nie denjenigen,
mit dem du geweint hast.

Khalil Gibran (1883–1931)
Maler und Philosoph

nur in der Tiefe der Seele,
mithilfe jener Kraft,
die stärker ist als alle Vernünftigkeit,
kann Trost und Ruhe gefunden werden.

Wilhelm Busch (1832–1908)
Dichter

© 2016 design cat GmbH

Genehmigte Lizenzausgabe
EDITION XXL GmbH
Industriestraße 19
64407 Fränkisch-Crumbach 2024
www.edition-xxl.de

Idee und Projektleitung: Sonja Sammüller
Layout, Satz und Umschlaggestaltung:
design cat GmbH

ISBN 978-3-89736-932-0

Druck und Bindung in der EU
POLYGRAF PRINT spol. s r. o.
Čapajevova 44
08001 Prešov, Slowakei
www.polygrafprint.sk

Bildnachweis
Shutterstock: Akita 22, 47, 74; AlexGreenArt 4, 88, 116, 140; anemad 57; Angie Makes 42, 43; Anna Ismagilova 72, 82, 102; Anna Kutukova 86; Anna Pavlyuk 142; anna42f 14, 15; art_of_sun 30, 32; ArtMari 12, 52; Azurhino 39; Benjavisa Ruangvaree 6, 33; bluepen 24; Bonitas 19; Cat_arch_angel 108, 144; Catherine Glazkova 105; DeepGreen 55, 122; Eisfrei 10–11, 34–35, 38, 62–63, 66–67, 97–98, 135; Gorbash Varvara 3, 5, 21, 37, 69, 85, 101, 117, 149, 165; Guz Anna 20, 95; Ihnatovich Maryia 48; Innakote 106; IRINA OKSENOYD 174–175; Irina Vaneeva 160–161; Kaidash 115; Katerina Izotova 68; Katflare 132; KostanPROFF 162–163; krisArt 110–111; Krol 112; KsushaArt 46, 60–61, 96, 125, 134, 143; Kvocek 146;Le Panda 8, 9, 64; likorbut 58; Little Unicorn 94; lozas Cover Front, Cover Back, 2, 26–27, 150; Maria Stezhko 76, 91, 128; Marina Demidova 154; Marya Kutuzova 166; mirrelley 152–153; Misheneva Olesia 170; mixform design 71; Moljavka 80, 139; moopsi 120; NextMars 36; Nikelser 78; Oaurea 126–127; paulrommer118; Pim 158; Plateresca 156–157; pun photo 172–173; Pushistaja 92, 168; Radiocat 130–131; Regina Jershova 84; shna 148; Silmairel 40; Sundra 44; Sunny Forest 16; SveslaTasla 164; sweetsake 28; tang 172–173; Tatiana_Kost 13, 15, 17, 19, 23, 25, 27, 29, 39, 41, 47, 49, 51, 55, 57, 59, 61, 67, 71, 73, 75, 81, 83, 87, 93, 95, 97, 99, 113, 115, 119, 121, 125, 127, 135, 137, 139, 151, 153, 155, 157, 159, 161, 163, 167, 169, 177, 179; Undrey 103; Val_Iva 62–63; Veronika Kokurina 50–51; vetryanaya_o 136; windesign 121; Yulia She 101